Artem Zolotarov

Kafkas Spiegel-Galaxien

Gedichte

Ariane Bordone

Zeichnungen

eW

Ich bin so weit, so weit entfernt,
in fernen Galaxien
und schreib von Sonnen ohne Licht,
die meine Seiten zieren.
Ich sprach das Urteil über mich
und schwebe nun enthoben
von jeder Pflicht, nichts hindert mich
so ungeheuer oben.

Artem Zolotarov

Kafkas Spiegel-Galaxien

Gedichte

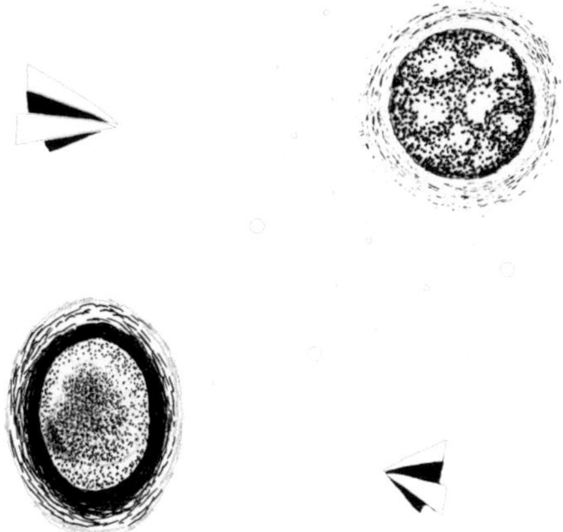

Ariane Bordone

Zeichnungen

editionWort
PoetrySlam & Art

FSC
www.fsc.org
MIX
Papier aus verantwortungsvollen Quellen
Paper from responsible sources
FSC® C105338

Bibliografische Information Der Deutschen Bibliothek
Die Deutsche Bibliothek verzeichnet diese Publikation in Der Deutschen Nationalbibliografie: detaillierte bibliografische Daten sind im Internet über http://dnb.ddb.de abrufbar.

editionWort - Schillstraße 83 - 66113 Saarbrücken

www.editionwort-verlag.de | info@editionwort-verlag.de

Hergestellt in Deutschland

Druck & Vertrieb: BoD - Books on Demand, Norderstedt

Gedruckt auf 90g-Qualitätspapier

Schrift: Adelon Serial

ISBN 978-3-936554-47-2 (Paperback)
ISBN 978-3-936554-48-9 (e-Book)

Vorwort

Ich schreibe seit 10 Jahren Gedichte.

Am Anfang wollte ich besser werden.

Ich habe jeden Tag mindestens ein Gedicht geschrieben. Ich saß stundenlang an einzelnen Formulierungen. Ich blieb bis zum Sonnenaufgang wach und grub nach den richtigen Worten in mir

Es war oft eine Qual.

Aber noch öfter war es eine Freude.

Irgendwann kam Poetry Slam dazu.

Ich kletterte auf eine kleine Bühne und las ein Gedicht vor. Dem Publikum gefiel es. Mir gefiel, dass es ihm gefiel, also blieb ich dabei.

Heute habe ich eine absurd hohe Anzahl an Auftritten. Ich war in ganz Deutschland; vom kleinsten Kaff, bis zur Hauptstadt. Ich war in furchteinflössendschönen Theaterhäusern und in schäbigen Kaschemmen. Ich war bei Meisterschaften und Kabarettpreisen. Ich war in Schulen und Altenheimen. Ich stand vor Autos auf der Bühne (dank Corona) und zog Gefriertüten über das Mikrophon (Hygiene ist auch Kopfsache).

Ich schreibe seit 10 Jahren Gedichte.

Ich will immer noch besser werden.

Bin aber nicht mehr so verbissen. Ich bin zufrieden mit mir. Die Qualitäten, die ich mir jetzt anzueignen gewillt bin, liegen nicht mehr im Sprachlichen.

Ich suche nach Leben. Ich suche nach Augenwinkelparadiesen, wie Lemur es so schön in seinem Lied „Alles hat ein Lied verdient“ sagt. Ich suche mich im Spiegel der Welten.

In diesem Buch versammelt sich eine kleine Auswahl der letzten Jahre.
Es ist mein fünfter Gedichtband.
2012 erschien „Verstehst du mich?“,
2013 „Für C.“,
2014 „Schmetterlingseffekt“,
2018 „Allein, um zwei zu sein“.
2021 „Kafkas Spiegel-Galaxien“.

Viel Freude beim Lesen.

Artem

10.12.2020, IC 2084 von Fulda nach Celle

Inspiriert von Artems Worten

Zeichnen ermöglicht mir, mich in einen Zustand völliger Vertiefung zu versetzen. Ich lasse mich in den Moment fallen und versinke in einem Schaffensrausch. Alles fließt, ist eins.

Inspiriert von Artems Worten, nehme ich den Betrachter mit auf eine Reise durch Momentaufnahmen und eröffne ihm neue Blickwinkel, wenn er sich darauf einlässt.

Ariane

Deine Lieblingsäpfel

Deine Lieblingsäpfel schmecken säuerlich.
Süß im Nachgeschmack.
Deine Lieblingsäpfel sind staubig und erdig.
Sie sind matt und rau.
Weil sie in der Erde wuchsen,
die dein Herz in sich trägt.
Deine Lieblingsäpfel sind Heimat,
Erinnerung der Zukunft,
dir und deinen Kindern
lebenswert.
Ich beiße hinein und schmecke die Nächte,
die dich werden ließen, wie du bist.
Ehrlich. Erdig. Säuerlich.
Süß im Nachgeschmack.

Heimathafen

Dein Schiff legt an in meinem Hafen.
Der Anker sinkt zu Grund zu ruhen. Schlaf
legt sich behutsam über deine Schultern,
zu schwer von Wut und Schmerz gestraft.

Ich lese dir ein Märchen ohne Ende.
Du träumst zum Klang der Stimme, die dich liebt.
Die Silben werden Wellen, die dich wiegen.
Ihr Wogen summt ein sanftes Liebeslied.

Bleibst du mir Jahre oder nur Minuten?
Kommst du zurück nach jeder Odyssee?
Ich lese dir ein Märchen ohne Ende,
in dessen Bildern ich dich wiederseh.

In dessen Klang Erinnerung' verschwimmen;
zu wessen Stimme schlief ich friedlich ein?
Wer las mir vor? Ich hör nur deine Stimme.
Sie wird mir immer Heimathafen sein.

Vom Sinken und Sehnen

Bereuen, nie gewagt zu haben.
Vergilbtes Herz.
Verdienter Stoß.
Und stets sticht stumpf die eine Frage:
Was wäre wenn? Was wäre bloß?

War da ein Wir? War etwas Echtes?
Oder war alles eitler Trug,
der von zu früh entfärbten Bildern
den letzten Schein der Liebe trug?

Der Flug der Schwalbe sinkt so lieblich,
wie deine Augen, wenn du schweigst.
Weil du alleine einen Wunsch hegst,
in dem du immer seine bleibst.

Ich suche keine Heimat

Egal, wohin ich reise,
ich fahr nach Nirgendland.
Ob Straßen oder Gleise,
mit Wort und Seelentand.

Ich suche keine Heimat
kein Herz, kein Honorar.
Ich suche einen Ort,
an dem ich bisher noch nicht war.

Ich suche etwas Leben,
etwas Wärme, etwas Lachen.
Das pack ich in den Koffer
und werd schnell die Fliege machen.

In langen, dunklen Nächten,
wenn die Welt so trostlos schweigt,
ist Gestern meine Freundin,
die mir noch bis morgen bleibt.

Die blaue Blume lockt, gespannt,
ich folge ihr, zur Flucht verdammt.
Egal wohin ich reise,
ich komm nach Nirgendland.

(inspiriert von Mascha Kalékos „Kein Kinderlied“)

Ich habe dir etwas mitgebracht

Wir gehen verschiedene Wege,
mit anderen Herzen,
in anderen Geschichten,

durch andere Hände,
doch immer am Ende
zu uns,
um zu sagen:
Ich habe dir etwas mitgebracht.
Ich dachte an dich, doch du warst nicht da.

Über die Freiheit

Kann man im Leben sicher sein?
Was wird die Zukunft bringen?
Das Schicksal ist dem Vogel gleich –
man kann es niemals zwingen.

Man kann nur wählen, ob es fliegt,
oder im Käfig bleibt.
Und Freiheit lockt mit süßem Duft –
es bleibt so wenig Zeit!

Es scheint, das Leben geht vorbei.
Man selbst steht nur am Rand.
Weil man aus Schwermut oder Angst
nie Mut zum Fliegen fand.

So sehen wir den Vögeln nach
und wollen sein wie sie.
Doch sieht man nur den schönen Schein,
des Fluges Poesie.

Ihr Leben ist nicht immer leicht.
Die Freiheit ist nur Trug.
Sie sind allein in jeder Nacht,
nach jedem langen Flug.

Vielleicht sieht dir der Vogel nach,
wenn du ihn nicht mehr siehst,
wie du in deinem warmen Bett
hinter der Scheibe liegst.

Vielleicht beneidet er dich drum –
du hast ein festes Nest,
das du als einen Käfig siehst,
der dich nicht fliegen lässt.

Doch Freiheit muss nicht Fliegen sein.
Sie ist auch rasten können.
Und sich mit einem lieben Mensch
ein wenig Frieden gönnen.

So viele flattern ohne Sinn
und kommen niemals an.
Frei ist nur der, der Liebe spürt
und selber lieben kann.

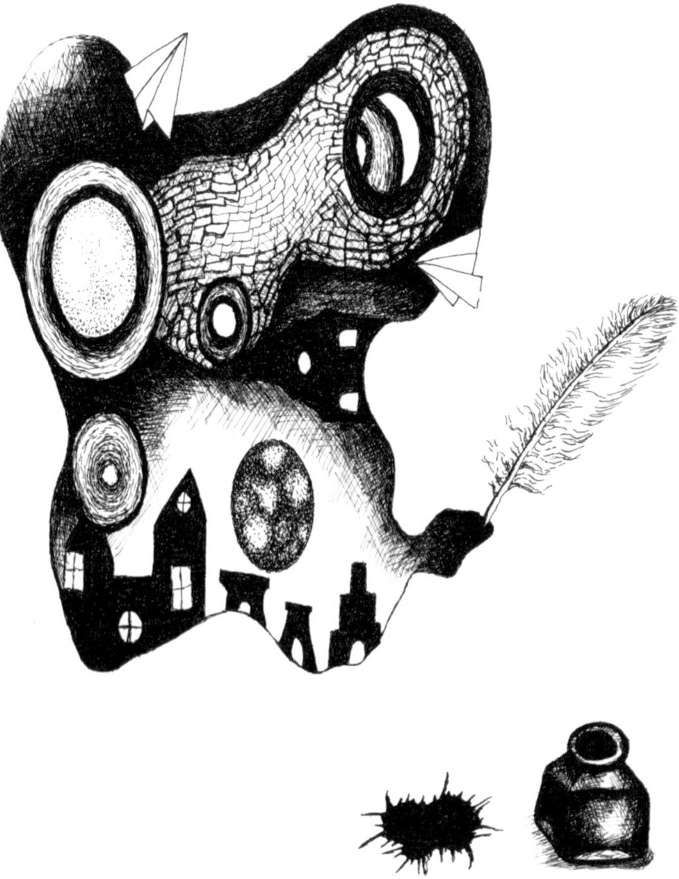

Kafkas Spiegelgalaxien

Danke, dass du da bist.
Danke, dass du Kraft gibst.
Danke, dass die Liebe, die du fühlst,
mir endlich nah ist.
Danke ist ein kleines Wort.
Danke heißt oft gar nichts.
Doch mein Dank dir gegenüber
ähnelt der Galaxis,

wo zwei kleine Neptunseelen
lange umeinander kreisten.
Angezogen von der Liebe
durch das weite Weltall reisten.

Ihre Sonnen näherten sich –
eine hell und warm,
wie Sonnenblumenduft nach Regen.
Und die andre wie ein Stein,
der seit Jahren schien verlegen.
Schöpfte fremde Energien,
fremde Augen, fremde Schmerzen
und verbargt den Kern der Schwärze
tief in seinem eignen Herzen.

Raum und Zeit sind zwei Faktoren.
Dimensionen – relativ.
Doch was sich darin entfaltet
birgt so viel und geht so tief,

dass ich nur erahnen kann,
welche Gründe uns bewegen.
Welche Taten ferner Tage
uns in ihre Schellen legen.
Welche Leben wir gelebt.
Ob zusammen, ob alleine.
Doch die Zeilen meiner Seiten
sind für dich und alle deine.

Danke, dass du da bist.
Danke, dass du Kraft gibst.
Danke, dass die Liebe, die du fühlst,
mir endlich nah ist.
Danke ist ein kleines Wort.
Danke heißt oft gar nichts.
Doch mein Dank dir gegenüber
ähnelt der Galaxis.

Felice, ich schreibe diesen Brief
gepeinigt vom Gedanken,
dass du mir fern, für immer fern
verbleibst
und dass die Schranken
in meinem Kopf nun herzwärts ziehn.
Ich bleibe mir ergeben.
Nur schreibend kann ich etwas sein,
nur schreibend kann ich leben.
Du in Berlin. Ich hier in Prag.
Wie ein verfluchter Kakerlak
kriech ich durch Tage ohne Licht.
Wie geht es dir? Ich denk an dich.

Schreib mir von allem. Jeder Krümel
aus deiner Welt ist Nahrung mir.
Auf meinem kalten Dichterstern
gehn die Gezeiten nur nach dir.
Diese Verwandlung wegen dir
ist mir so unerklärlich,
doch endlich fühl ich jedes Wort
so wahrlich nah und ehrlich.
Dieser Prozess raubt mir den Schlaf,
die Ruhe meiner Nächte.
Doch es wird mehr als nur ein Text.
Es wird das Große, Echte.
Vielleicht wird jemand später mal
von uns und alldem lesen
und durch die Zeit an unsrem Schmerz,
an unsrem Glück genesen.
Solange bleibt mir nur dein Brief,
dein Wort und deine Liebe.
Mehr brauch ich nicht auf dieser Welt,
wenn diese mir noch bliebe.

Danke, dass du da bist.
Danke, dass du Kraft gibst.
Danke, dass die Liebe, die du fühlst,
mir endlich nah ist.
Danke ist ein kleines Wort.
Danke heißt oft gar nichts.
Doch mein Dank dir gegenüber
ähnelt der Galaxis.

Felice, nun bist du nicht mehr mein,
getrennt gehn unsre Wege.
Mag sein, dass Schicksal uns entzweit,
weil ich in Sphären lebe,
die diese schale Wirklichkeit
nur peripher tangieren
und mich die Riten ihrer Zunft
nur mäßig intressieren.
Ich bin so weit, so weit entfernt,
in fernen Galaxien
und schreib von Sonnen ohne Licht,
die meine Seiten zieren.
Ich sprach das Urteil über mich
und schwebe nun enthoben
von jeder Pflicht, nichts hindert mich
so ungeheuer oben.

Vermissen werd ich deinen Duft,
dein Lachen, deine Hände.
Lichtjahre liegen zwischen uns.
Wenn ich dir Briefe sende,
reicht keiner jemals mehr zu dir.
Vielleicht im nächsten Leben
wird es nochmal ein Wiedersehn
und wieder Hoffnung geben.
Verzeih mir, wie ich dir verzeih.
Leb schuldlos ohne Gram.
Und scheine hell so weit du kannst.
Wenn ich dich sehen kann,
als kleinen Stern am Firmament,
so ruhe ich in Frieden.

Bis bald, Felice,
wir bleiben uns
wie Spiegelgalaxien.

Danke, dass du da bist.
Danke, dass du Kraft gibst.
Danke, dass die Liebe, die du fühlst,
mir endlich nah ist.
Danke ist ein kleines Wort.
Danke heißt oft gar nichts.
Doch mein Dank dir gegenüber
ähnelt der Galaxis,

wo zwei kleine Neptunseelen
lange umeinander kreisten.
Angezogen von der Liebe
durch das weite Weltall reisten.
Sie umwirbelten einander,
tanzten gravitätisch heiter
und man sagt in klaren Nächten
weht ihr stilles Sehnen weiter.
Wenn am Himmel eine Schnuppe
feuerschweifend lässt ihr Licht,
dann bin ich auf meiner Reise.
Hin zu dir. Ich liebe dich.

Ziw

Die Stadt, wo G'ttessöhne Lieder singen.
Mir fremd. Verständlich fremd. Ich werde hier.
Ich werde hier nie Heim, nie Zuflucht finden.
Doch Trost. Trost taut das Schweigen neben mir.

Ziw zeugt mir Pfade ins Vergehen.
Ziellos zergeht dein dunkles Licht vor mir.
Ich ahne dich so nah. So nah wie gestern.
Du bist so nah, als wärest du nicht hier.

Die Stadt, wo G'ttessöhne Lieder singen.
Aus Gold die Kuppel, die mich Ehrfurcht lehrt.
So groß wir Türme in den Himmel bauen,
so klein bleibt letztlich doch ihr Wert.

21 Gramm

Liebe ist eine Entscheidung.
21 Gramm.
7 Atemzüge.
Leicht.

Enttäuschung. Angst.
Flucht.
Könnten möglich sein.
Vertrauen. Zuversicht.
Geborgenheit.
Könnten möglich sein.

Liebe ist eine Entscheidung.
Nicht weniger.
Mehr. Nicht?

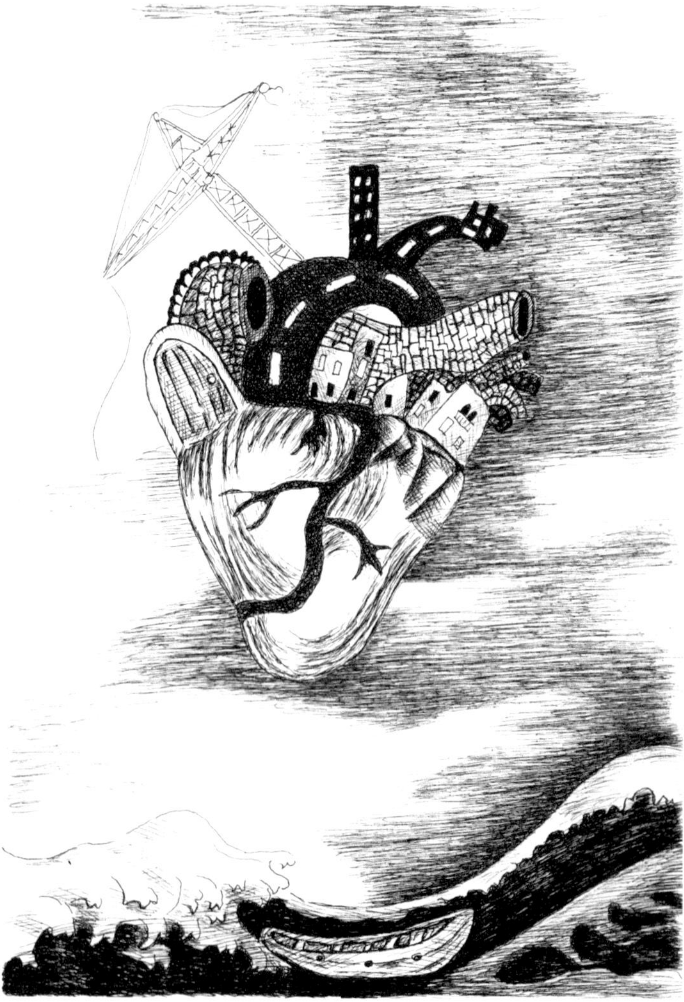

Dein Herz ist eine Metropole

Dir kann keiner das Wasser reichen.
Du fährst zum Meer und schöpfst daraus.
Die Überraschung – deine Ordnung.
Durch deine Haare weht das Chaos.

Denn du bist Ritter und Prinzessin.
Du bist der Käpt'n und das Schiff.
Kurze unendliche Geschichte.
Die Skizze und der letzte Schliff.

Dein Herz ist eine Metropole.
Es lebt auf Pump zur Flucht bereit.
So viele Menschen kommen zu dir.
So viele, aber keiner bleibt.

So viele lieben deine Lichter,
dein Lachen, deine Einsamkeit.
So viele suchen deine Wärme.
So viele, aber keiner bleibt.

So vielen bist du ruhiger Hafen,
umarmst sie sanft, bis alles schweigt.
Doch keinen lässt du lange bleiben.
Dein Herz ist schon zur Flucht bereit.

Der Schatten deines Lachens flieht mir.
Dein dunkles Schloss kennt keinen Weg,
der zu ihm führt, der mich geleitet.
Ich bin der Erste, der ihn geht.

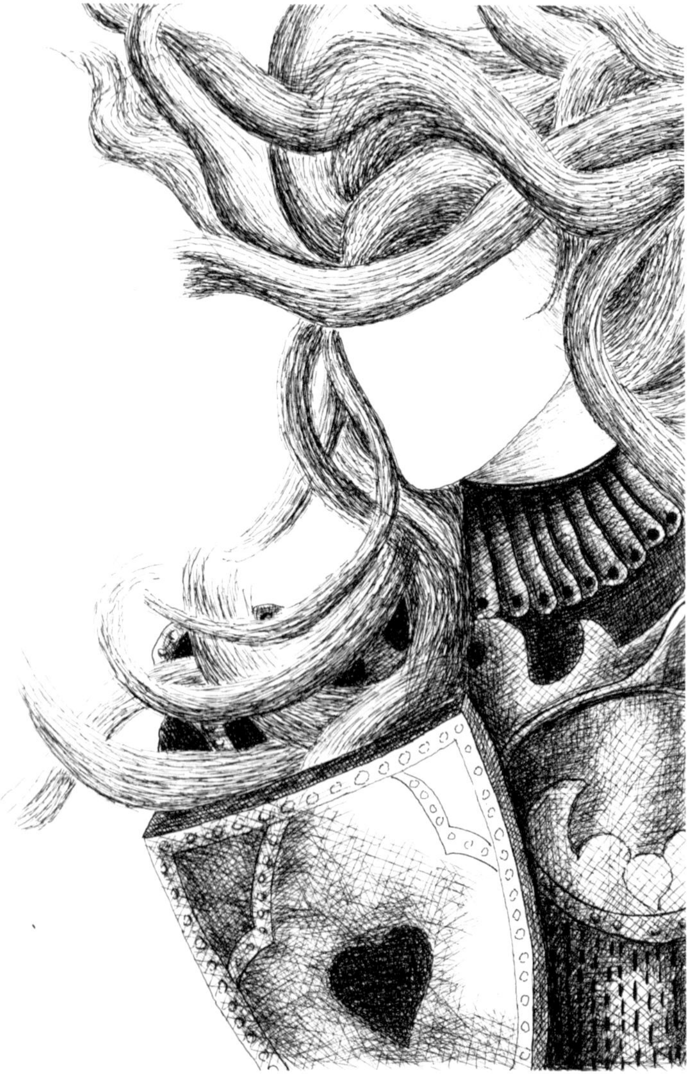

Ich wankelmütige mich vorwärts.
Gebannt in Lettern
schwerterscharf
schneidet der Vers auf Tintenblättern
und jede Seite, die ich traf,

galt einer sehsuchtsvollen Weite,
dem Meer, der Sonne, einem Held,
der ohne Furcht den Weg beschreitet
in eine bunte Märchenwelt.

Wo keine Schwere, keine Scham mehr
das Herz in Fesseln legt und drückt.
So drückt, er-drückt, erstickt, ermattet
und das Gesicht mit Tränen schmückt.

Entrückt rück ich die Rahmen grade,
die Bilder führen mich zurück.
Du warst mir immer Herzmenschdame,
doch immer knapp vorbei am Glück.

Sind wir zu ähnlich, zu verschieden,
zu freiheitsliebend unentschieden?
Vielleicht ist uns noch lang beschieden,
bedingungslos uns fast zu lieben?

In diesen Kriegen gibt's kein' Sieger.
Wir führn sie gegen und mit uns.
Und vielleicht sind es nicht mal Kriege,
nur sensuchtsdunkle Liebeskunst,

die unsrem bittersüßen Bangen
die Wangen wieder salzig tränkt.
Wir sind entfesselt und befangen,
weil uns kein milder Dichter denkt.

Er ist sarkastisch und sadistisch,
sein Sakrament ist Sehnsuchtschwarz.
Er schreibt bei Nacht und ohne Nachsicht,
die er sich schonend schenken darf.

Der Mond scheint uns seit vielen Jahren,
doch niemals in derselben Stadt.
Schau zu ihm auf, er spiegelt Wärme,
die meine Sonne dir versagt.

Verzagt wäg ich die nächste Zeile.
Sie könnt doch zu klar, zu hart
die Wahrheit sprechen, die uns scheidet,
erbarmungslos an Liebe spart.

In immer tiefere Gefilden führt mich mein Weg.
Ich kämpf mich vor.
Und plötzlich seh ich einen Spiegel,
der vor mir steht und wie ein Tor

mich einlädt, tief hineinzusehen.
Hineinzugehen wag ich nicht.
Ich taste fingerspitzenzaghaft,
als leise eine Stimme spricht:

„Sei mir gegrüßt, du fremder Sucher,
du trauter Freund, du schönster Narr.
Was ficht dich an, zu mir zu kommen,
hierhin, wo keiner vor dir war?

Was ist dein Sehnen und Begehren?
Was suchst du hier? Was stärkt den Mut
in deiner Brust? Wen willst du lehren?
Dreh einfach um und es ist gut.

Ich werde dich noch mal verschonen,
denn du hast Glück, heut bin ich mild.
Sei still, kein Drängen wird sich lohnen.
Nicht deinen Augen gilt das Bild,

das ich im Kern des Herzens trage.
Egal wie groß dein Wunsch nach mir.
Es hilft kein Raten und kein Fragen.
Ich trag mein Joch nicht wegen dir.

So wirst du es nicht nehmen können
von meinen Schultern. Niemand kann
die Leichtigkeit mir wiederschenken.
In mir fängt meine Reise an.

Ich muss sie gehen ohne Hilfe.
Ich muss die Wolken akzeptiern,
die regentropfenzauberstrotzend
meine Gedanken inspiriern.

Mag sein, dass wir uns wiedersehen.
Mag sein, dass du mir immer bleibst,
als unvollendete Geschichte,
die du für dich zu Ende schreibst."

Die Stimme schwieg nun. Ich hielt inne
und blieb an Ort und Stelle stehn.
Minuten gingen, Stunden kamen.
Nichts wollte um mich rum geschehn.

Ich schloss die Augen, ließ den Atem
in meine Brust behebig ziehn.
Begnügte mich mit stillem Warten.
Hab mir den grellen Wunsch verziehn,

mit aller Macht etwas zu ändern,
was vielleicht nicht zu ändern ist.
Vielleicht führt doch kein Weg zum Schlosse,
das keine Zeile je bemisst?

Vielleicht ist dieser schöne Schatten
mit dem dein Lachen vor mir flieht
nur meiner Phantasie entsprungen,
weil keiner dich mit Augen sieht,

die lieben und darum verzeihen?
Das Leben ist doch kein Gedicht.
Doch manche Zeilen werden bleiben.
Sie schmerzen und vergehen nicht.

Sind wahr und schön bei Glück und Leid,
für uns, für alle, die verzweifeln,
in sehnsuchtsdunklen Nächten schweigen
nicht wissend, was vom Lieben bleibt.

Ich bleibe hier noch etwas sitzen, vor dem Spiegel.
Mag sein, du setzt dich auch dazu.
Wir schweigen tröstlich beieinander.
Denn du bist ich und ich bin du.

Madame Bovary

Sie war verspielt, verträumt, vergeblich.
Das Leben las sie wie ein Buch.
Sie wollte Liebe, tief und ehrlich.
Erlag dem hehren Sehnsuchtsfluch

der Phantasie, hörte sie flüstern:
Da ist noch mehr als Mann und Heim.
Die fremde Brust lockt lieblich lüstern.
Ihr Herzschlag wird dir Wonne sein.

Das Meer war ihr nur lieb bei Stürmen.
Das Grün nur im Ruinenkranz.
So ging sie ohne Trost im Zürnen
und wusste nichts von jenem Glanz,

den ein Geliebter durch ihr Wesen
der Welt als Märchen hat vermacht.
Und hätt' sie je davon gelesen,
hätt' sie geschwärmt und leis' gelacht.

Süsses Gift

Die Wurzel eitert in der Erde.
Die Äste müden sich zum Mond.
Sein Antlitz schmerzt, weil er dir fern ist
und keiner letzten Hoffnung lohnt.

Die tausend Blätter werden brennen.
Der Schmerz steigt schwarz ins Himmelsrund.
Verweht mit Winden ohne Rückkehr.
Er lässt die Kehle stumm und wund.

Du musst den Winter überstehen.
Den Lebensfunken in dir pflegen.
Bald wird sich seliges Vergessen
wie Schnee auf deine Wunden legen.

Der Frühling kommt und du wirst blühen.
Gesunden, neue Wurzeln schlagen,
doch immer ihn als süßes Gift
nah deiner Herzensader tragen.

18H SHAKESPEARE

Soll ich dich einem Sommertag vergleichen?
Mit schönen Reimen und Metaphern schmeicheln?
Dem Wind gleich deine Wangen streicheln?
Wird jedes Wort ein Strahl und zu dir reichen.

Soll ich denn einen Sommertag dich nennen?
Wie falsch wär' dieses Wortgeschwall!
All jenes schreiben, was Verliebte kennen,
um zu vergessen meines Winters Qual.

So zeitlos lügend sind all diese Zeilen,
die einen Menschen nur in Schönheit sehn,
weil sie aus Liebeswahn all jener bleiben,
die im Moment des Schreibens nicht verstehn,

wie dunkelschön die Liebe sie verleitet
und für Sekunden selig trunken macht.
Und weil der Wahn mich ebenfalls begleitet,
bist du mir meine schönste Sommernacht.

(In Anlehnung an Sonnet 18 von Shakespeare)

Nicht mehr mein

Die Zeit steht still in diesem Haus.
Vor 20 Jahren zog ich ein.
Ich lebte hier in einer Welt,
die nicht mehr mein, doch so sehr mein.

Ich weinte hier, ich schwieg und schrieb.
Mir wurde alles hier gegeben.
Ein unbeschwertes, freies Leben,
das nicht mehr mein, doch so sehr mein.

Hier fand ich Liebe zwischen Zeilen
und maß die Tiefe meiner Seele.
Ich sah die Sonne aus dem Dunkeln,
das nicht mehr mein, doch so sehr mein.

Ich lachte hier, ich wuchs, gedieh,
um nicht zu bleiben. Um zu gehen.
Doch jede Wiederkehr ist Schwere,
die nicht mehr mein, doch so sehr mein.

Niemand

Niemand hat Schuld und niemand schaut hin.
Niemand erkennt in dem Wahnsinn den Sinn.
Niemand versteht sich und niemand hört zu.
Niemand fragt niemand, wieso und wozu.
Niemand, was machst du und wo willst du hin?
Niemand, erkennst du im Wahnsinn denn Sinn?
Niemand, wer bist du, ich kenne dich nicht.
Niemand erzählt mir ganz ehrlich von sich:
Niemand hat Sehnsucht, doch weiß nicht nach wem.
Niemandes Kummer wird niemals vergehn.
Niemand ist wütend und niemand schlägt zu.
Niemand besinnt sich, doch weiß nicht wozu.
Niemand sagt etwas und niemand hört zu.
Niemand versteht sich genauso wie du.
Niemand wird jemand, er ist bald bekannt.
Niemand erobert im Sturme das Land.
Niemand wird glücklich, weil jeder ihn liebt.
Niemand nimmt alles, was ihm jemand gibt.
Niemand wird müde und niemand schläft ein.
Niemand liegt morgens im Bett ganz allein.
Niemand träumt ewig und wacht niemals auf.
Niemand fliegt heute zum Himmel hinauf.
Oben ist niemand und niemand macht Licht.
Glaubst du an niemand, glaubt niemand an dich.

Unvermisst

Ich vermisse deine Nähe, ohne dir nah zu sein.
Doch es ist schlimmer,
dich unerreichbar neben mir liegen zu sehen.
Meine Nacht, mit dir 34 Sonnen hell,
die in deiner Küche die Decke schmücken.
Dein Bett ist warm und behaglich.
Ich verbrachte 1001 Nacht darin.
In fernen Leben war ich dir Schmerz.
Ich griff nach dir, um dich zu besitzen.
Ich ließ dich im Stich. Immer wieder.
Deine Vergebung leiht Trost.
Ich sehe deine Tränen,
vergesse sie nicht.
In mir werden Ozeane daraus,
die ich bereise
auf der Suche nach Kontinenten,
die uns weiße Blätter schenken.
Wir kehren immer wieder an den Anfang zurück,
um es besser zu machen.
Um uns irgendwann zu bleiben.
Unvermisst.

*„Wir verändern unsere Erinnerungen, dann verändern sie uns, …“ **

Salman Rushdie

* In: Rushdie, Salman: Der Boden unter ihren Füßen, München, Deutschland: btb Verlag, 2014.

Erinnernswert

Die Zeit ist milde – sie vergeht
und lässt mir mich zurück.
Und ich bin das, was ich sein will –
ich schaffe Stück für Stück

das bisschen Glück aus dem Morast
in dem ich Jahre trieb.
Am Ufer sah ich manches Mal
die Blume, die mir blieb.

Allein an sie hab ich gedacht
die ganzen Jahre lang.
Sie war der Steg, den ich bestieg,
als ich die Freiheit fand.

Sie achte ich und liebe ich,
sie machte mich zu dem,
der keinen Groll gen gestern pflegt –
dort kann ich Blumen sehn.

Septemberherzen schlagen etwas leiser

Der Herbst ist da, du traurig schöne Freundin.
Der Herbst ist da – so rasch und ungefragt
kam er herein in unsre leere Stube
und hat nicht mal hallo gesagt.

Nun sitz ich hier und schreibe Herbstgedichte,
von Regentagen ohne dich.
Du bist mir nah in deiner Ferne.
Bin ich dir nah? Vermisst du mich?

Septemberherzen schlagen etwas leiser.
Doch ich hör deins so klar wie im August.
Es klingt so regentropfenzauberstrotzend,
dass du dein Schweigen nicht mal brechen musst,

um mir zu sagen, was der lange Winter
der letzten Jahre dunkelkalt dir stahl.
Ich bin bei dir in meiner Ferne
und Tage, Wochen, Jahre sind egal.

Der Frühling kommt. Ich kann ihn beinah spüren,
in jedem Wort, das mir dein Lieben sagt.
Der Herbst ist da, du traurig schöne Freundin.
Der Herbst ist da – so rasch und ungefragt.

Verantwortung

Ein Klümpchen Leben auf den Schultern,
das Kräfte sammelt, schläft und träumt
von einer Zukunft ohne Grenzen,
wo Wunsch dem Glück den Weg freiräumt.

Verantwortung für junges Leben
von uns, die jetzt Geschicke walten
von Welten, die stets schneller, kälter,
der Überhitzung nah sich spalten.

Da steht man, bangt ein wenig ängstlich,
nach Rat und etwas Rast sich sehnend.
Wenn einer schläft, muss einer wachen
in diesem wohnlich schönen Elend;

Schaut man zum Fenster raus, gibt's Regen.
Bleibt man im Bett, gibt's keine Ruh.
Nur dieses tapfre Klümpchen Leben
lacht so erbaulich ab und zu.

Apollons Traum

Die Liebe scheint der Sinn zu sein,
nach dem die Seele strebt.
Der Weg zu ihr, ein – Amor-Pfeil,
fest mit dem Herz verwebt.
So sticht es, stickt ein Muster aus.
Ich wüsste auch gern, was es heißt.

Ich riet zu lang, kam nicht voran.
Ich schlief zu lang vom Schmerz verbannt.
Ich blieb allein und sah sie gehen.
Konnte die Welt nicht mehr verstehen,
die ich so sorgsam aufgebaut,
ich hab sie liebend angeschaut.
Ich hab so fest darauf vertraut,
dass dieses Eis um uns zertaut.
Dass dieses Eis uns Wärme schenkt
und unser Schiff gen Zukunft lenkt.

Nussschalengroßes Selbstvertrauen.
Darauf kann man nur schwerlich bauen.
So blieb mein Traum ein Matrix-Märchen,
von meinem Sonnenblumenmädchen.

Schnitt

Jahre gingen, Jahre kamen. Stich.
Frauen gingen, Frauen kamen. Nicht
eine reichte an sie ran. –

Ich suchte sie im Sehnsuchtsbann.
Ich suchte sie in jedem Wort,
in jedem Blick, in jedem Kuss.
Ich dachte, dass es sie sein soll,
die ich doch retten muss.
Die ich beschützen, lieben, schätzen
und immerfort begleiten,
bis sich am Ende unsrer Tage
die Amor-Pfade scheiden.

Ja, dieses Liebesnarrativ,
das stets den Retter in mir rief.
Es schlief so tief unterbewusst,
nahm mir den Atem aus der Brust.

„Wie wertlos bist du, du Versager?
Wer soll dich lieben? Wer begehren,
wenn du in Regenpfützen stampfst
und Angst hast vor den Meeren?
Du bist nicht schön und nie genug,
kein Mensch wird je verstehen
und wie du bist und wie du liebst
in deinen Augen sehen."

Ich konnt nicht reden,
konnt nicht schreiben.
Konnte mich nicht dafür entscheiden,
sie gehn zu lassen und zu lieben.

Bedingungslos mit dem zufrieden,
was sie mir war:

Ein Sonnenschein, bei Tag und Nacht,
ein Licht, das alles überragt.
Verständnis, Wärme, Dankbarkeit.
Das alles war zu einer Zeit,
als ich so klein, so schwach und stumm
in meinen Nächten ging zugrund.

So habe ich davon geschrieben.
Die Liebe ging. Gedichte blieben.

So träumte und dachte echt,
im Traum zu leben wär nicht schlecht.
Die blaue Pille, zu vergessen,
all die Dämonen, die mich fressen.
Und wie besessen lief ich weg,
mit Tonnen-Lügen unter Deck
schleppte mein Schiff sich durch die Fluten,
das Mondlicht füllte die Kajüten.
Am Steuerrad ein kalter Kopf,
gelenkt vom Herz, das kaum noch klopft.
Die Leere hab ich hart gestopft
mit Laufen, Schreiben, Trinken.
Und viel zu oft hab ich gehofft,
ich würd in ihr versinken.

Ich zog mich selber aus dem Sumpf.
Fand meine Sprache wieder.
Die Worte boten Halt und Trost.
Darum schrieb ich sie nieder.
Ich trug sie vor, bekam Applaus;
die Liebe breiter Massen.
Doch etwas fehlte tief in mir.

Ich wollte es nicht fassen.
Ich war noch immer auf der Flucht,
im Traum, so lebenstrunken:
Adrenalin und Dopamin und
Sieg um Sieg um Sieg um Sieg …
Vergessen für Sekunden,
was dir die Stille offenbart,
wenn sie die Wahrheit weckt:
Dass jeder einsame Erfolg
auch elend bitter schmeckt.

Schnitt

Ich bin erwacht aus meinem Traum,
mit dir an meiner Seite.
Du bleibst bei mir, ich halt dich nicht,
weil ich nicht nach dem greife,
was mir die Märchenfantasie
der Amorpfeile sponn.
Ich wachs und wache auf mit dir.
Ich seh dich, lern davon,
dass du kein hehres Ideal,
kein Märchen-Mädchen bist.
Nur eine Frau, die das Meer
und Leidenschaft vermisst.
Du liebst Musik, du suchst nach ihr
in sehnsuchtsblauen Augen.
Nussschalen großes Selbstvertrauen –
drauf kann man schwerlich bauen.
Vertrau auf dich, hab keine Angst,
denn alles ist in dir.

Und eines Tages seh ich dich
am glänzenden Klavier.
Du spielst die Sehnsuchtsmelodie
zu deinem kleinen Lied
und eine Stimme singt dazu,
die dich unendlich liebt.
Ob ich es bin?
Ich weiß es nicht.
Drauf kommt es gar nicht an.
Bedingungslos zu lieben heißt,
dass man loslassen kann.
Ich liebe dich, dass du dich liebst.
Liebe dich ebenso.
Und wenn ich deine Heilung seh,
bin ich unsagbar froh,
ein Stück des Weges zu erfahrn,
den wir gemeinsam gehen.
Den Sonnenblumenmädchentraum
in Wirklichkeit zu sehen.

Die Liebe scheint der Sinn zu sein,
nach dem die Seele strebt.
Der Weg zu ihr, ein – Amor-Pfeil,
fest mit dem Herz verwebt.
So sticht es, stickt ein Muster aus.
Ich wüsste auch gern, was es heißt.

Durch dich hab ich gelernt, dass Nähe
nicht unbedingt zum Lieben reicht.
Durch dich hab ich gelernt, dass Ferne
nicht unbedingt in Trennung mündet.

Zwei Neptunseelen suchen Meer,
das ihren Flüssen Heimat kündet.
Dein Herz ist unabrückbar schön,
es schlägt fürs bunte Leben.
Lichtspielmomente sammelt es
und will sie weitergeben.
Du musst kein Ideal erfüllen –
bist keine Zahl von 1 bis 10.
Und bist du jemandem zu viel,
ist es sein eigenes Problem.
Sei wütend, ändere die Welt.
Kämpf für ihr Heil und komm zur Ruh.
Leg deinen Kopf auf meine Brust.
Ich hör dem Schnarchen gerne zu.

Ich liebe dich, so wie du bist.
Ich will dich ohne Aber.
Bedingungslos in meiner Welt
bist du mein Halt und Anker.
Mein Heimathafen, meine Bucht
nach jeder langen Reise.
Du sitzt am Ufer,
Wind umspielt dein Haar,
es regnet leise.
Salz in der Luft und Wellenrauschen.
Apollon küsst dich sanft.
Du malst ein Bild. Sicher und weich
der Pinsel in der Hand.
Du spielst die Farben deiner Welt
auf seidenes Papier.
Und was darauf zu lesen ist,
liegt ganz allein bei dir.

An manchen Tagen

An manchen Tagen bin ich müde,
als ob der Schlaf Placebo sei.
Dann steige ich in leere Züge
und fahre, es ist einerlei,

wohin ich sehe, alles trübe.
Saharastaub am Maskensaum.
An manchen Tagen bin ich müde
und glaube, alles sei ein Traum.

Dann nehm ich einen schwarzen Kreisel
und drehe ihn mit banger Furcht.
Denn wenn er fällt, bleibt es wie immer.
Wenn nicht, dann drehn wir beide durch.

Früher war alles

Die Schulschwänzhelden tragen jetzt Krawatte.
Das schönste Mädchen aus der Klasse
bringt dem Chef Kaffee.
Der Rasterkiffer hat jetzt eine Glatze
und tippt Quartalsbilanzen bei der Allianz AG.

Die Sportkanone schiebt den Kinderwagen.
Die Streberin aus Reihe eins forscht in Beijing.
Herr Werner hat jetzt keine Klasse,
nur einen Pfleger, der ihm täglich Essen bringt.

Die schöne Lisa trägt jetzt Umstandskleidung,
obwohl sie gar nicht schwanger ist.
Auf Facebookfotos lacht sie, trotz der Scheidung
und hofft, dass jemand sie vermisst.

Statt Unipartys, gibt's den Tatort sonntags.
Statt Komasaufen, Brunch und grünen Tee.
Statt unbegrenzten Möglichkeiten, Leasingraten
und Eigenheim mit Garten statt WG.

Von damals ist nicht viel geblieben,
nur ein paar Fotos, die vom Abiball.
Auf ihnen bleibt die Zeit für immer stehen
und rückt doch weiter weg, von Mal zu Mal.

Loreley 2020

Winkelgassenwunschkonzerte
tönen hinter meiner Tür.
Feuerfunkenflugbrigaden
drehen lodernd ihre Kür.

In der Stadt liegt Schnee auf Herzen.
Nächtens brennen überall
stille Fenstermanifeste
ohne Klang und Widerhall.

Eine schwarze, fette Katze
schleicht behäbig um den Block.
Sie vermisst den Sang des Vogels,
der zu hoch am Baume hockt.

Loreley ist alt geworden.
Ihre Reize schlichten sich.
Chatverläufe leuchten wärmend
im sterilen Webcamlicht.

Ich las

Ich lese.
Mit jeder Seite zufriedener.
Gutes Buch lenkt von schlechten Gefühlen ab.
Ich hab das immer so gemacht.
Ich las und las und las, bis ich zufrieden war.
Bis die Leere in mir schwieg.
Bis der Drang zur Unrast schwand.
Bis ich müde und ruhig wurde.
Dann schrieb ich etwas.
Oder schlief, wenn nichts zu schreiben blieb.
Jeden Tag. Jedes Jahr.
Bis ich mehr Text als Mensch wurde.
Bis ich zu fühlen vergaß.
Ich dachte, lesen reicht.
Ich dachte, schreiben reicht.
Ich dachte, ich sei zufrieden.
Glücklich vielleicht?

Nein.

A.B.

Kein Liebesgedicht keiner Nacht

Was ich mir tagelang versage,
kommt nachts zu mir und fragt mich aus:
Was brachte dir dein stilles Sehnen,
dein Zaudern, Zweifeln, das durchaus

vor Jahren seine Gründe hatte,
doch jetzt ein Abklang dessen ist,
was Angst vor Nähe und vor Schwäche
das Schwarz der Nächte in dir misst?

Das Rot der Liebe wie ein Brandmal
auf deiner Haut zum Glühen bringt;
Phantomschmerz dessen, was vergessen
und längst wie eine Lüge klingt.

Wie eine Warnung ohne Stimme
oder ein Kuss, der gar nichts sagt.
Wie ein manierliches Verlangen
nach dem, was jenen so behagt,

die tagelang sich das versagen,
was nachts dann flüstert voller List:
Was nützt dir alles Rund der Erde,
wenn du auf ihr alleine bist?

Ariane Bordone

wurde 1969 in Saarbrücken geboren.

2006 studierte sie Karikatur und Comiczeichnen bei Walter Halbinger. Ihre Arbeiten sind 2007 in Halbingers Buch „Cartoons zeichnen" im Knaur-Verlag erschienen.

2007 hat sie für den ehemaligen Oma Minna Verlag in Homburg das Kinderbuch „Der Riese Gerofehn" illustriert.

2008 studierte Bordone Werbegrafik und Design bei Sabine Kühling Dufresne aus Darmstadt.

2015/17 veröffentlichte sie im Karina Verlag in Wien ihr Kinderbuch „Cara der Schlammfisch" und „Cara: Ein Geschichten- und Malbuch". Diese Geschichten liest und gestaltet sie mit Kindern in Kindergärten, Büchereien und auf der Saarländischen Kinderbuchmesse.

Ariane zeichnet Tierporträts und Illustrationen zu Lyrik- und Prosatexten.

Mehr Informationen auf:
ariane-bordone-grafikdesign.business.site

Artem Zolotarov

wurde 1989 in der Ukraine geboren.

1998 zog er mit seiner Familie nach Deutschland.

2017 erfolgreicher Abschluss des Studiums der Europäischen Literatur und Germanistik in Mainz.

Seit 2014 tritt Zolotarov regelmäßig bei Poetry Slams auf. Bis Ende 2020 nahm er an über 600 Poetry Slams teil, von denen er über 150 gewinnen konnte.

2015 wurde Zolotarov Rheinland-Pfälzischer Poetry Slam Meister und nahm an den deutschsprachigen internationalen Meisterschaften teil.

2016 und 2017 trat er für das Goethe-Institut in Metz und Paris auf.

2018 gewann er die „Tuttlinger Krähe“ (einen der renommiertesten Kleinkunstpreise des deutschsprachigen Raums) und wurde Dritter beim Kabarettpreis „Das Schwarze Schaf“.

Neben Poetry Slam Texten schreibt Artem Lyrik und Prosa, Theaterstücke und Rapsongs.

Mehr Informationen auf: www.artemzolotarov.com

editionWort

ist auf „Junge & Neue" Autor*innen und Künstler*innen ausgerichtet und fördert diese durch Veröffentlichungen und entsprechende Veranstaltungen. editionWort unterstützt das Aktionsbündnis für faire Verlage.

Ausführliche Informationen finden Sie unter: **www.editionwort-verlag.de**

Poetry Slam

sinngemäß mit „Dichterwettstreit" übersetzt, entstand in den 90er Jahren durch den Autor Marc Kelly Smith in Chicago. In Deutschland finden regelmäßig mehr als 300 Poetry Slams statt.

Die einzelnen Autor*innen stehen im Wettbewerb und das Publikum entscheidet über den „Sieger". Alle literarischen Formen und Genres sind beim Poetry Slam erlaubt und es ist ein Event der Gemeinschaftlichkeit.

Poetry Slam ist bis heute eine junggebliebene Weise des literarischen Vortrags von jungen und älteren Autor*innen. Im Jahr 2017 wurde Poetry Slam in das „Verzeichnis des immateriellen Kulturerbes" der UNESCO aufgenommen.

Es finden Stadt- Regional- und Landesmeisterschaften statt.

Der Poetry Slam der Stadt Trier wird seit 2003 vom „Kultur Raum Trier e.V." veranstaltet und ist somit einer der ältesten Poetry Slams in Deutschland.

Ausführliche Informationen finden Sie unter: **www.kulturraumtrier.de**